Samuel gewidmet

Machen Sie sich bereit für Halloween!

HEULEN!

Ich freue mich, meine Freunde zu sehen!

Denn wir gehen Süßes oder Saures aus!

Und raten Sie mal, was wir sonst noch tun werden?

SPRINGEN SPRINGEN SPRINGEN

UND SAG BOO!

Das ist meine Hündin Samantha...

Sie verkleidet sich auch gern!

Und das ist mein bester Freund Jason...

Er weiß genau, was zu tun ist!

SPRINGEN SPRINGEN SPRINGEN

UND SAG BOO!

Treffen Sie meine Freundin Rachel...

Sie, wie sie dich anlächelt?

Also, lasst uns alle zum nächsten Haus gehen und gemeinsam „Süßes oder Saures" sagen, und dann können wir ...

SPRINGEN SPRINGEN SPRINGEN

UND SAG BOO!

Es ist wichtig, sich daran zu erinnern...

Um Danke zu sagen!

Es ist die Höflichkeit, das zu tun...

Bevor Sie in das nächste Haus umziehen, wissen Sie, was zu tun ist ...

SPRINGEN SPRINGEN SPRINGEN

UND SAG BOO!

Bitte keine Leckereien essen...

Bis deine Eltern sagen, dass es in Ordnung ist.

Auch wenn die Dinge lecker aussehen ...

Sie können Ihrem Bauch schaden!

Sicheres Süßes oder Saures macht mehr Spaß ...

Und dann ist es Zeit...

SPRINGEN SPRINGEN SPRINGEN

UND SAG BOO!

Es ist spät und Zeit, jetzt nach Hause zu gehen ...

Aber es ist noch nicht zu spät...

SPRINGEN
SPRINGEN
SPRINGEN

UND SAG BOO!

Ein Mal noch!

SPRINGEN SPRINGEN SPRINGEN

UND SAG BOO!

WIR LIEBEN
HALLOWEEN!

Jump-Serie auf Englisch:

Springe wie ein Karibu!
Springe wie ein Känguru!
Spring in den Zoo!
Spring hoch und sag P.U. !
Spring auf und sag, es ist Valentinstag
Auch für Kinder!
Springe und suche nach einem Hinweis!
Steigen Sie ein und sagen Sie alles Gute
zum Geburtstag!
Springen Sie auf alles, was blau ist!
Spring, spring und sag frohe Ostern!
Springen Sie hoch und sagen Sie „Cock-
A-Doodle-Do".
Springe und singe Da-Do-Do-Do!
Spring hoch und frag wer? WER?
Springe und schreie wie ein Kakadu!
Spring hoch und frage: Bist du es oder das
Schaf?

Spring auf und sag, dass in meinem
Eintopf ein Iwww ist!
Steigen Sie ein und sagen Sie frohe
Weihnachten!
Steigen Sie ein und freuen Sie sich,
frohes neues Jahr!
Spring auf und sag, dass in einem
Tutu ein Mu-Muh ist!
Spring hoch und sag, da ist ein Hase
in meinen Haaren!
Spring auf und sag, meine Tante hat
eine Ameise gegessen!
Spring auf und sag, dass es im
Vergnügungspark ein Erdferkel gibt!

APPLAUD-REIHE:
APPLAUS FÜR 1!

Applaudissez pour 2 !
Applaudissez pour 3 !
Applaudissez pour 4 !
Applaudissez pour 5 !
Applaudissez pour 6 !
Applaudissez pour 7 !
Applaudissez pour 8 !
Applaudissez pour 9 !

Autres livres pour enfants :
Le chat qui disait bonjour
Les trois rochers
Billy Shakespeare
Billie Shakespeare
Apprenez à dessiner avec symétrie

Non-fiction
103 idées de collecte de fonds pour les
parents bénévoles auprès des écoles et des
équipes

www.ingramcontent.com/pod-product-compliance
Lightning Source LLC
Chambersburg PA
CBHW051604120626
46551CB00013B/1656